# Verdade não Relatada: Technocracia 2030- 2050

Fraudes de Vacina, Ataques Cibernéticos, Guerras Mundiais e Controle Populacional; Expostos!

Rebel Media Press

# Isenção de responsabilidade

# Nossos outros livros

Confira nossos outros livros para outras notícias não relatadas, fatos expostos e verdades desmascaradas, e muito mais.

Junte-se ao exclusivo Rebel Press Media Circle!

Você receberá uma nova atualização sobre a realidade não relatada, entregue em sua caixa de entrada todas as sextas-feiras.

**Inscreva-se aqui hoje:**

https://campsite.bio/rebelpressmedia

# Introdução

*O que os cientistas independentes já estavam alertando foi agora confirmado: as pessoas vacinadas tornam-se muito mais suscetíveis a algumas mutações corona. Um estudo da Universidade de Tel Aviv mostra que as pessoas que foram injetadas com a vacina Pfizer - de longe a mais usada na Europa - têm uma chance 8 vezes maior de contrair a variante sul-africana do vírus corona. "Fazemos tudo isso por cuidado" pode agora ter exatamente o efeito oposto, pois cada vez mais pessoas vacinadas precisarão ser hospitalizadas.*

Na principal nação vacinal de Israel, a variante sul-africana B.1.351 do coronavírus é encontrada em até 5,4% das pessoas vacinadas com Pfizer. Em pessoas não vacinadas, ela é de apenas 0,7%. Isto significa que esta variante é capaz de quebrar a proteção da vacina até certo ponto", comentou Adi Stern, da universidade.

Bem, há uma explicação muito mais lógica que numerosos especialistas já advertiram, a saber, que a vacina realmente quebra a resistência natural às mutações do vírus. As pesquisas apontam para o risco de que são precisamente as vacinas que podem causar mutações que ameaçam a vida do vírus corona.

**Surpreendido com o resultado", mas por quê?**

Stern admitiu que a equipe científica ficou 'surpresa' com o resultado. Das 400 pessoas estudadas, elas esperavam apenas um caso da variante sul-africana, e não 8. "Claro, eu não fiquei contente com isso".

No entanto, é uma variante que ocorre com pouca freqüência (1% de todos os casos Covid assumidos), embora isso possa mudar precisamente por causa da vacina. Afinal, esta mutação quase nunca é encontrada em pessoas não vacinadas, o que significa que o sistema imunológico natural é muito mais capaz de combater este (suposto) vírus. Assim, sem vacinas, esta mutação inofensiva não teria tido uma chance.

Pesquisadores universitários franceses observaram no final de fevereiro/início de março que a vacina Pfizer estava causando uma mortalidade em Israel em todas as faixas etárias de dezenas a centenas de vezes maior. Os cientistas ficaram tão chocados que falaram literalmente de "um novo Holocausto".

Apesar disso, as pessoas não vacinadas em Israel, e logo em toda a Europa, são discriminadas e punidas com exclusão parcial da sociedade. Como já escrevemos muitas vezes, isto também faz parte da inversão de todos os valores, normas, humanidade e lógica (luz=escuridão, escuridão=luz), que é tão típica de uma civilização moralmente e mentalmente decadente, que está claramente se precipitando cada vez mais rapidamente em direção ao abismo.

# Tabela de Conteúdos

# Capítulo 1: Preparar a máquina

*A Rússia está ocupada defendendo-se e/ou a população russa na Ucrânia no caso de um ataque. Assim, estes hipersônicos mísseis Iskander foram lançados.*

O prefeito da cidade russa de Cherepovets (mais de 311.000 habitantes) emitiu uma portaria para designar locais onde as vítimas "urgentes" devem ser enterradas em tempo de guerra. A cidade fica a cerca de 375 quilômetros de Moscou, 800 quilômetros da fronteira com a Ucrânia, e cerca de 600 quilômetros dos países da OTAN da Estônia e da Letônia. Por que uma cidade nas profundezas da Rússia tomaria tal medida, a não ser para sugerir que o Kremlin está de fato se preparando seriamente para ter que travar uma guerra (mundial) com o Ocidente? A Rússia também advertiu que destruirá dois navios navais americanos no Mar Negro se esses navios forem utilizados em qualquer ataque militar contra a Ucrânia.

A Resolução Nº 1482, aprovada em 5 de abril, trata da "organização de enterro urgente de cadáveres em tempo de guerra" na cidade de Cherepovets. O MKU (Center for Protection of Population and Territories in Emergency Situations) é responsável por designar, em cooperação com o governo federal, locais "onde foram encontrados corpos e identificar e documentar aqueles que morreram em tempo de guerra". Ele também adquire "recursos materiais e técnicos" para "o enterro urgente de cadáveres e descontaminação".

## As embarcações navais americanas podem ser destruídas

Esta portaria em uma cidade tão profunda na Rússia só pode significar que o país está considerando seriamente tornar-se alvo de ataques maciços de mísseis, não só da Ucrânia, mas também do território, aviões e navios da OTAN.

Por exemplo, dois destruidores dos EUA já estão navegando no Mar Negro. Dmitry Peskov, secretário de imprensa do Kremlin, teve um sério aviso sobre isto: "Se os mísseis de cruzeiro destes destruidores forem usados contra o território das repúblicas de Donetsk e Luhansk, estes navios de guerra americanos podem ser destruídos". A Rússia defenderá os cidadãos russos desta forma".

## A Rússia não tem permissão da Merkel para responder a provocações militares

Funcionários da OTAN e políticos ocidentais como Angela Merkel ordenaram à Rússia que removesse suas tropas - já em número de 28 batalhões - na fronteira com a Ucrânia. Será que agora os arrogantes líderes ocidentais se esqueceram completamente de proibir um país com os militares historicamente mais determinados do mundo de deslocar tropas em seu próprio território em resposta aos 110.000 soldados que a Ucrânia acumulou perto das cidades de língua russa de Luhansk e Donetsk?

É a Ucrânia que cortou o fornecimento de água (potável) à Crimeia depois que quase 97% da população decidiu, em referendo declarado válido e justo pela OSCE, retornar à pátria Rússia. Se o regime de Kiev parar o bombardeio de Luhansk e Donetsk, retirar suas tropas e remover a represa "temporária" no Dnieper permitindo o retorno da água doce à população russa, a questão pode ser resolvida de forma diplomática e pacífica.

Mas se o país quer necessariamente a guerra, então o país terá guerra. Que isso NÃO aconteça com nosso apoio. Os Estados Unidos e a OTAN devem ficar de fora disso. Não há nenhuma chance disso, entretanto, desde que o "presidente de guerra" Biden já prometeu seu apoio incondicional à Ucrânia se um conflito armado eclodir.

Por outro lado, até mesmo os aliados sabem que as promessas de Washington são nulas há muito tempo. Os Estados Unidos, como um império totalmente descontrolado, está impondo sua vontade ao resto do mundo com chantagem direta e ameaças tanto econômicas quanto militares.

**Por que o Ocidente apóia um regime neonazista belicista?**

O presidente ucraniano e fantoche ocidental Zelensky assinaram recentemente um documento afirmando que a Crimeia deveria ser conquistada da Rússia. Isto nada mais era do que uma declaração de guerra de um regime, algumas de cujas tropas usariam abertamente bandeiras nazistas em alguns lugares.

A mensagem dificilmente poderia ser mais clara: Os Estados Unidos apoiarão militarmente a Ucrânia em caso de guerra. É muito estranho que o Ocidente esteja novamente associado na Rússia com os nazistas, por quem eles foram traídos na época, e posteriormente 20 milhões de russos morreram durante a Segunda Guerra Mundial?

Em todo caso, as tensões com a OTAN estão aumentando. De acordo com relatórios não confirmados, tropas polonesas e bielorrussas de fronteira entraram em conflito recentemente. Nas últimas semanas, já houve várias trocas de insultos.

Entretanto, o exército russo montou um enorme campo militar com um hospital de campo a cerca de 250 quilômetros da fronteira com a Ucrânia. Mais importante ainda, foram lançados mísseis hipersônicos Iskander, capazes de transportar tanto uma ogiva convencional quanto uma ogiva nuclear. Contra esses mísseis de curto alcance (500 km.) não é possível nenhuma defesa, pois eles voam muito rápido (até 2,6 km. por segundo). Além disso, os projéteis podem mudar de rumo durante seu vôo e esquivar-se dos mísseis de defesa.

Os analistas temem que uma guerra "quente" possa deflagrar já em maio. Até lá, os políticos europeus deveriam fazer todo o possível para dissuadir a Ucrânia e os EUA de novas provocações, e retomar as conversações com a Rússia. Infelizmente, os "nossos" líderes estão muito ocupados fazendo sua própria guerra contra a liberdade, autodeterminação, bem-estar e saúde de seu próprio povo.

# Capítulo 2: Manter os animais engaiolados

*Depois da Máscara Inteligente a Marca Inteligente? Com a "programação preditiva", as crianças foram submetidas a uma lavagem cerebral durante anos com a idéia de que todos logo terão que ter uma marca em suas mãos/braço.*

Além do fato de que parte do Ocidente está se preparando para uma nova guerra, a população está sendo mantida sob controle por medidas relativas ao vírus corona. A possibilidade de abrigar a população e garantir que sejamos gradualmente dizimados está sendo abordada de uma maneira cada vez mais criativa. O Fórum Econômico Mundial anuncia o próximo passo em direção à total subordinação e escravidão tecnocrática: 'máscaras inteligentes', que instruem quando você pode respirar livremente, se o nível de $CO_2$ por trás da máscara não é muito alto e até mesmo se você está usando a máscara corretamente. Este plano insano, que será sem dúvida "voluntário" no início, mas depois obrigatório de qualquer forma, ressalta como a ditadura totalitária, anti-humana e opressiva que está se tornando agora imposta a toda a população mundial.

Com uma taxa de mortalidade de 0,037% estabelecida nas estatísticas oficiais, 'corona' é um vírus respiratório comum mortal do qual o mundo já teve centenas e do qual 99% das pessoas sofrem pouco ou nenhum efeito nocivo. Como temos escrito e demonstrado há mais de um ano, esta crise não se trata de um vírus ou de saúde pública, mas de nossa subjugação a uma ditadura tecnocrática global de vacinas contra o clima.

**As máscaras faciais são o símbolo da submissão total e da inanidade.**

Um dos símbolos mais importantes da submissão sem vontade é a máscara bucal, que se mostrou inútil e pode até ser muito prejudicial, que também foi abertamente reconhecida por políticos e especialistas durante meses, mas que, de qualquer forma, foi simplesmente tornada obrigatória.

A engolida praticamente sem oposição e sem crítica desta medida totalmente idiota por quase toda a população foi para os planejadores nacionais e internacionais da "Grande Reposição", "Quarta Revolução Industrial" e "Agenda 2030" a confirmação final de que eles poderiam agora fazer o que quisessem, porque a capacidade de pensamento da maioria dos cidadãos parecia ter afundado muito abaixo do nível crítico de inanidade absoluta com a ajuda dos meios de comunicação de massa e entretenimento plano.

**Bem-vindo a esta pré-escola global**

Esta máscara inteligente lhe diz quando precisa ser lavada', o WEF começa seu vídeo promocional sobre a fralda oral da BreathTech.

E se você o está usando corretamente. 'Ele mede sua taxa de respiração, e se muito CO2 tiver acumulado nele, ele lhe diz para respirar um pouco de ar fresco'. Bem, já que as pesquisas mostraram que os níveis de CO2 aumentam até 1.000x após apenas alguns minutos, isso significa que você tem que tirar seu protetor bucal e colocá-lo a cada poucos minutos ao longo do dia. É claro que isso nunca vai acontecer.

"E se você se esquecer de colocá-lo, ele dispara um alarme". Como isso é possível? Porque, é claro, a máscara inteligente tem que ser ligada ao seu smartphone, que por sua vez se torna parte da 'smart grid' 4G/5G que está em construção há anos, o que permitirá que você seja rastreado, monitorado, instruído e corrigido 24/7/365. No momento em que você colocar o bocal, então, o smartphone exibirá um símbolo verde com a palavra "bom". (Bem-vindo a esta sala de aula global do jardim de infância).

A tampa BreathTech S3, como é o caso de quase tudo hoje em dia, é promovida como supostamente 'sustentável' e melhor para o meio ambiente. O fabricante aponta que a humanidade gastou 166 bilhões de dólares em protetores bucais no ano passado, todos os quais acabaram em aterros sanitários. Naturalmente, isto poderia ter sido facilmente evitado simplesmente nunca importando-os. Finalmente, foi demonstrado que a "corona" em países e estados que não introduziram, ou eliminaram, as

13

exigências dos protetores bucais faz muito menos
(supostamente) doentes e mortos.

**Qual é a sua idéia para resolver os maiores problemas
do mundo?**

"Quais são suas idéias para resolver os maiores
problemas do mundo", termina o vídeo. Bem, não pode
haver mal-entendidos quanto a isso no que me diz
respeito: se a humanidade ainda quer ter um futuro
livre, ou um futuro em absoluto, então primeiro de tudo
o WEF juntamente com a Fundação Gates deve ser
imediatamente visado e banido como a maior ameaça
possível, e seus líderes devem ser processados em um
novo tribunal de Nuremberg por crimes graves contra a
humanidade.

Caso contrário, a Smart Mask poderá ser bem sucedida
pela Smart Mark, que poderá consistir em uma
tatuagem por baixo da pele, digitalizável externamente
e/ou vacinas com nano-bioensores que não só provam
que você foi vacinado, mas também contêm todos os
seus dados pessoais, tornando-se simultaneamente seu
cartão de identificação e cartão de débito.

Esta 'marca da besta' através de vacinas - que Netflix
mostrou já em 2017 no desenho animado infantil
'Stretch Armstrong & The Flex Fighters' - nós
descrevemos pela primeira vez em 2009 e agora está
prestes a ser implementado globalmente com medidas
cada vez mais convincentes.

## Capítulo 3: Fraude de RNA

*O CDC foi processado por fraude em massa: Testes em 7 universidades de TODAS as pessoas examinadas mostraram que não tinham Covid, mas apenas Influenza A ou B - RIVM e estatísticas da UE: 'Corona' praticamente desapareceu, mesmo sob mortalidade.*

Um cientista clínico e imunologista-virologista de um laboratório do sul da Califórnia diz que ele e colegas de 7 universidades estão processando o CDC por fraude em massa. A razão: nenhuma das 1500 amostras de pessoas testadas "positivas" pôde encontrar o Covid-19. TODAS as pessoas foram simplesmente encontradas com Influenza A e, em menor grau, com Influenza B. Isto é consistente com as descobertas anteriores de outros cientistas, que relatamos várias vezes.

Dr. Derek Knauss: "Quando minha equipe de laboratório e eu submetemos as 1500 amostras supostamente positivas de Covid-19 aos postulados de Koch e as colocamos sob um SEM (microscópio eletrônico), não encontramos nenhuma Covid em todas as 1500 amostras. Descobrimos que todas as 1500 amostras eram principalmente Influenza A, e algumas Influenza B, mas nenhum caso de Covid. Não utilizamos os testes PCR inúteis'.

**O Covid não foi descoberto uma única vez em 7 universidades nos últimos tempos**

Quando enviamos o resto das amostras para Stanford, Cornell, e alguns dos laboratórios da Universidade da Califórnia, eles chegaram ao mesmo resultado: SEM COBERTURA. Eles encontraram Influenza A e B. Então todos nós pedimos ao CDC amostras viáveis de Covid. O CDC disse que eles não podem lhes dar, porque não têm essas amostras'.

Assim, chegamos à dura conclusão, através de toda nossa pesquisa e trabalho de laboratório, de que o Covid-19 era imaginário e fictício. A gripe foi chamada apenas de 'Covid', e a maioria das 225.000 mortes foram de co-morbidades como doenças cardíacas, câncer, diabetes, enfisema pulmonar, etc... Eles apanharam a gripe que enfraqueceu ainda mais seu sistema imunológico, e morreram".

**Este vírus é fictício**

"Ainda preciso encontrar uma amostra viável com o Covid-19 para trabalhar. Nós que realizamos o teste de laboratório com estas 1500 amostras nas 7 universidades estamos agora processando o CDC por fraude com o Covid-19. O CDC ainda não nos enviou uma amostra viável, isolada e purificada do Covid-19. Se eles não podem ou não querem, então eu digo que não há Covid-19. É fictício'.

Os quatro trabalhos de pesquisa que descrevem os extratos do genoma do vírus Covid-19 nunca conseguiram isolar e purificar as amostras. Todos os quatro trabalhos descrevem apenas pequenos pedaços de RNA que têm apenas 37 a 40 pares de base. Isso NÃO é um VIRUS. Um genoma viral normalmente tem de 30.000 a 40.000 pares de bases".

Agora que o Covid-19 é supostamente tão ruim em todo lugar, como é que nenhum laboratório no mundo isolou e purificou completamente este vírus? Isso porque eles nunca encontraram realmente o vírus. Tudo o que eles descobriram foram pequenos pedaços de RNA que não foram identificados como o vírus de qualquer maneira. Portanto, o que estamos lidando é apenas mais uma cepa de gripe, como todos os anos. A Covid-19 não existe e é fictícia'.

Creio que a China e os globalistas criaram este embuste da Covid (a gripe disfarçada de um novo vírus) para estabelecer uma tirania global e um estado policial de controle totalitário. Esta intriga incluiu (também) uma fraude eleitoral maciça para derrubar o Trump".

A detecção de RNA viral não pode demonstrar a presença de um vírus infeccioso, ou que 2019-nCoV é o agente causador dos sintomas clínicos". E, além disso: "Este teste não pode descartar outras doenças causadas por outros patógenos bacterianos ou virais".

Em outras palavras, não podemos provar que as pessoas que adoecem e são hospitalizadas, e muito ocasionalmente morrem, foram adoecidas por um novo coronavírus chamado SARS-CoV-2, nem podemos provar que isso as levou a desenvolver uma nova doença chamada "Covid-19". Poderia ser tão facilmente um vírus diferente e uma doença diferente. (E como todos os sintomas, incluindo a pneumonia severa, são perfeitamente semelhantes ao que a gripe pode causar historicamente em pessoas vulneráveis... 'se parece um pato e anda como um pato, é um pato'.

## Recompensa de 225.000 euros por demonstrar o coronavírus

No início deste ano, a equipe alemã de Samuel Eckert e o Isolate Truth Fund ofereceram uma recompensa de pelo menos 225.000 euros para qualquer cientista que possa fornecer provas incontestáveis de que o vírus SARS-CoV-2 foi isolado e, portanto, existe. Eles também ressaltaram que nenhum laboratório no mundo ainda foi capaz de isolar este vírus corona.

Sim, os cientistas de sistemas afirmam que têm, mas este 'isolamento' consiste apenas de uma amostra do corpo humano, que é uma 'sopa' cheia de diferentes tipos de células, restos de vírus, bactérias, etc. Com a ajuda de produtos químicos (tóxicos), procura-se então algumas partículas (residuais) que podem indicar um vírus que já existiu ou ainda pode existir, após o que é designado como "evidência".

**A equipe canadense também não encontrou provas apesar de 40 pedidos da WOB**

No final de dezembro de 2020, prestamos atenção a uma iniciativa semelhante como a da Alemanha. Uma equipe em torno da jornalista de investigação canadense Christine Massey apresentou às autoridades médicas do mundo inteiro nada menos que 40 pedidos da WOB simplesmente pedindo provas de que o vírus SARS-CoV-2 foi isolado, e sua existência pode, portanto, ser provada objetivamente. Nenhuma das agências e autoridades escritas foi capaz de fornecer essa prova. **Impossível mostrar que o SARS-CoV-2 causa uma doença chamada Covid-19'.**

Dr. Tom Cowan, Dr. Andrew Kaufman e Sally Fallon Morell publicaram recentemente uma declaração sobre "a contínua controvérsia sobre se o vírus SARS-CoV-2 é isolado ou purificado". Mas com base na definição oficial Oxford de "isolamento" ("o fato ou condição de estar isolado ou isolado, uma separação de outras coisas ou pessoas, ficando sozinho"), o bom senso, as leis da lógica e as regras da ciência ditam que qualquer pessoa imparcial deve chegar à conclusão de que o vírus SARS-CoV-2 nunca foi isolado ou purificado. Como resultado, nenhuma confirmação da existência do vírus pode ser dada".

As implicações lógicas e científicas deste fato são que a estrutura e composição de algo cuja existência não pode ser comprovada não pode ser conhecida, incluindo a presença, estrutura e função de um hipotético espigão ou outras proteínas. A seqüência genética de algo que nunca foi encontrado não pode ser conhecida, nem as "variantes" (mutações) de algo cuja existência não foi demonstrada. Portanto, é impossível demonstrar que o SARS-CoV-2 causa uma doença chamada Covid-19".

**Teste PCR combinado para corona e influenza "porque não há praticamente nenhuma diferença".**

A maior empresa de biotecnologia do mundo, a chinesa BGI, introduziu recentemente um novo teste PCR que pode testar simultaneamente a gripe A, B e corona.

Além do fato comprovado de que um teste PCR não pode provar infecção por nenhum vírus, a explicação da BGI de que ambas as doenças são tão difíceis de distinguir uma da outra e que, portanto, fizeram apenas um teste, diz mais do que suficiente. Talvez não haja diferença alguma, "Covid" é apenas outro nome para vírus da gripe "antiga e familiar", e este é apenas mais um truque de marketing inteligente?

Com a propaganda de medo do governo, 24 horas por dia, 7 dias por semana, pela mídia de massa, a maioria das pessoas passou a acreditar que existe de fato um vírus que ameaça a vida, o que torna as pessoas doentes muito mais rápido e mais severo do que a gripe sazonal. Entretanto, mesmo esta última não é comprovadamente o caso. A gripe A tem sido a principal causa de morte por pneumonia no mundo desenvolvido por anos.

Mas envie pessoas designadas como pacientes Covid graves para algumas UTIs em todo o país, coloque câmeras nelas constantemente, instrua alguns médicos que eles só devem discutir os piores casos, e você tem sua "pandemia televisiva". O argumento "estamos fazendo isso porque senão os cuidados serão sobrecarregados" foi enfraquecido pelo próprio governo há algum tempo, rejeitando uma oferta de 400 leitos de UTI mais pessoal porque "não é necessário". (Esta foi talvez a primeira e única vez que a verdade foi dita?)

**Nada mais com que se preocupar (mas nunca volta ao normal)**

Agora que também os números oficiais do RIVM mostram que após o pico normal do inverno tradicional nada está errado, e de acordo com as estatísticas da UE (EuroMOMO) existe até mesmo um subdesenvolvimento significativo, a sociedade - se realmente se tratasse de um vírus e saúde pública - deveria voltar imediatamente ao normal para começar a reparar os enormes danos causados pelas políticas governamentais.

No entanto, como você sabe, isso nunca será feito, e isso porque este embuste pandêmico cuidadosamente planejado está realizando uma agenda ideológica, a "Grande Reposição", que visa demolir em grande parte a sociedade e a economia do Ocidente, e depois submetê-la a uma ditadura tecnocrática global de vacinas contra o clima, na qual todas as nossas liberdades, direitos civis e de autodeterminação serão abolidos de uma vez por todas.

# Capítulo 4: O encobrimento sem vergonha?

85% de todas as pessoas que morreram (supostamente) de Covid-19 poderiam estar vivas hoje se a política e a mídia não tivessem feito tudo, eles poderiam suprimir as drogas existentes. Este não é um qualquer que diz isto, mas um dos melhores médicos do mundo, o Professor Dr. Peter McCullough, que é o especialista mais publicado do mundo em sua área. McCullough apontou estes fatos chocantes em uma declaração ao Comitê de Saúde Pública e Serviços Humanos da Assembléia Estadual do Texas. Em nossa opinião, a retenção deliberada de medicamentos comprovadamente eficazes e seguros equivale a um crime grosseiro contra a humanidade, e na verdade equivale a uma forma indireta de genocídio.

McCullough é internista, cardiologista e professor de medicina no Centro de Ciências da Saúde da Universidade A&M do Texas. É o mais publicado especialista em sua área na história, bem como editor de duas importantes revistas médicas.

**Absolutamente atordoado" que o público esteja sendo negado tratamentos de trabalho**

Ele disse que estava "absolutamente estupefato" que nenhum dos 50.000 documentos revisados por pares sobre o Covid-19 mencionou um tratamento (além de vacinas). Junto com uma equipe de especialistas, ele realizou tal estudo e, posteriormente, apresentou um excelente tratamento, que foi publicado no autoritário American Journal of Medicine. Eles também fizeram um vídeo no YouTube, que se tornou imediatamente viral - até que o YouTube o bloqueou dentro de uma semana.

Inacreditável o que foi feito", continuou o professor. "Quantos de vocês já ouviram na TV ou no rádio que o tratamento em casa é possível? Até mesmo uma palavra sobre o que fazer (com medicamentos) se você for diagnosticado com Covid-19? Isto é um fracasso completo e total em todas as áreas! Por que nenhum painel de médicos para evitar o maior número possível de internações? Por que não há relatos de pacientes tratados que não tiveram que ir ao hospital como resultado? É uma farsa total que não se trate uma doença fatal'. Portanto, ele pediu que cada resultado de teste fosse acompanhado por uma recomendação de tratamento como padrão a partir de agora.

**Países que permitiram que os medicamentos tivessem apenas 1% a 10% do número de mortes**

O professor indicou que os países fora do Ocidente que permitiram esses medicamentos (como o protocolo HCQ/zinco, Quercetin, Ivermectin) tiveram proporcionalmente apenas 1% a 10% das mortes no "Primeiro Mundo". Mas quando foi a última vez que você ligou as notícias e recebeu uma atualização sobre isso? Quando você recebeu uma atualização sobre como o resto do mundo está lidando com o Covid?

Assim como na Europa, nos EUA há apenas um punhado dos mesmos médicos e "especialistas" que pintam o mesmo quadro extremamente unilateral, distorcido e enganoso na TV todas as vezes, projetado para manter toda a população em um estado de medo mortal (e, portanto, obediência absoluta à maioria das medidas absurdas). Nenhum destes médicos e especialistas jamais mencionou que os pacientes Covid podem ser tratados e curados facilmente, rapidamente e com muita segurança com os medicamentos existentes.

**80% de imunidade em grupo, vacinações em massa totalmente desnecessárias**

Estima-se que o Texas, onde quase todas as medidas corona foram levantadas em 1º de março e a vida está quase de volta ao normal - e a corona também está quase desaparecida - agora tem 80% de imunidade grupal. As pessoas que adquirem Covid e acumulam anticorpos para ele, "têm imunidade completa e de longo prazo". Você não pode vencer isso. Não se pode melhorar isso com as vacinas. Não há argumentos científicos, clínicos ou de segurança para nunca vacinar ou testar um paciente Covid recuperado".

Durante as fases de testes de vacinas no ano passado, apenas menos de 1% do grupo de placebo realmente recebeu o Covid-19, McCullough reitera com base em relatórios oficiais. Mas a vacina vai ter um impacto de pelo menos 1% na saúde pública". É o que dizem os dados". A vacina não vai nos salvar, e já temos 80% de imunidade do grupo".

As vacinas só devem ser dadas estrategicamente a alguns grupos vulneráveis, ele acredita. Entretanto, pessoas até os 50 anos de idade com saúde razoável definitivamente não precisam ser vacinadas. "Não há argumentos científicos para isso". Uma das maiores falácias para as vacinas é a chamada "disseminação assintomática". Quero ser muito claro a esse respeito: quase não existe, se é que existe. Uma pessoa doente a transmite a uma pessoa doente. Os chineses publicaram um estudo ... para 11 milhões de pessoas. Eles estavam tentando encontrar evidências de propagação assintomática. Não está lá. É uma das peças mais importantes da desinformação.

**85% das mortes e hospitalizações poderiam ter sido facilmente evitadas".**

O professor enfatizou que suprimir informações sobre tratamentos eficazes e seguros tem sido enormemente prejudicial. Dois estudos 'muito grandes' mostraram que 'se os médicos tratam seus mais de 50 pacientes com problemas médicos de forma oportuna com um protocolo multi-drogas... há 85% menos hospitalizações e mortes'.

"Temos mais de 500.000 mortes nos EUA. Poderíamos ter evitado 85% (425.000) dessas mortes, se nossa resposta à pandemia tivesse sido muito concentrada no problema que está bem na frente de nossos olhos: o paciente doente".

O professor francês Christian Perronne, com um histórico muito impressionante, publicou seu livro no ano passado com o título revelador 'Existe algum erro que eles não tenham cometido? - Covid-19: A sagrada união da incompetência e da arrogância". Se os pacientes corona tivessem sido tratados desde o início (especialmente preventivamente) com zinco, hidroxicloroquina/quercetina, vitaminas C e D e azitromicina, dificilmente teria havido mortes, e 25.000 franceses (80% do número de mortos na época) ainda estariam vivos hoje, de acordo com ele.

Seria apenas o seu filho, (grande) pai, parceiro, amigo ou colega que fosse colocado na lista de vítimas de um crime grosseiro contra a humanidade desta forma vergonhosa, de um genocídio indireto até mesmo, sacrificado no altar da ideologia transhumana que todos deveriam ser injetados com estas "vacinas" manipuladoras do gênero, não importando o quê, e nenhum outro meio deveria pôr em risco esta intenção pérfida.

# Capítulo 5: Ataques cibernéticos

*Em 2021-2022, sobre as ruínas do sistema atual, será estabelecido o novo sistema totalmente digital, uma tecnocracia comunista-fascista, há muito planejado*

Assim como um exercício "ao vivo" foi realizado em outubro de 2019 com uma pandemia corona (Evento 201), então na verdade realizado três meses depois, o Fórum Econômico Mundial de Klaus Schwab irá "simular" um ataque cibernético maciço no verão. O Cyber Polygon 2021 acontecerá em 9 de julho de 2021, e tem a intenção - como com a Corona e o Evento 201 - de estabelecer um roteiro detalhado do que será realmente realizado algum tempo depois (possivelmente já no outono): um "ataque" maciço à infraestrutura digital e energética, que deverá colocar o Ocidente de joelhos, em particular, de uma vez por todas, antes do Grande Reposicionamento.

A globalização digital conectou o mundo de tal forma que indivíduos mal-intencionados podem usar ataques cibernéticos e de hacking para causar grandes danos ao sistema financeiro, ao fornecimento de energia, às empresas e à infra-estrutura, adverte o WEF. Toda a sociedade moderna tornou-se tão dependente disso que alguns dias sem acesso a bancos e pagamentos, ou pior, sem eletricidade e água, serão suficientes para causar pânico total.

**Por que os russos estão participando?**

Quem será culpado por esta monstruosa operação de bandeira falsa não é claro. A óbvia é a desculpa honrada pelo tempo e hackneyed "os russos fizeram isso! Mas o maior banco estatal russo, Sberbank, juntamente com sua divisão cibernética BIZONE, está na verdade participando do Cyber Polygon 2021.

O que está acontecendo aqui? A Rússia talvez esteja na mesma trama do WEF para colocar o Ocidente de joelhos de uma vez por todas? Ou os russos estão participando do Cyber Polygon 2021 porque os principais políticos e oficiais militares dos EUA têm ameaçado abertamente um ataque cibernético à Rússia durante anos. Se essa é a verdadeira razão, então seria inteligente se tornar o mais consciente possível dos métodos do inimigo para que você possa se armar contra eles.

**Mega-crise financeira em 2021-2022**

Há anos alertamos para uma inevitável mega-crise financeira, porque o sistema bancário ocidental - e especialmente o europeu - está tecnicamente falido, o fardo da dívida ainda em rápido crescimento tornou-se insustentável, o euro só tem valor no papel, e os anos de taxas de juros negativas do BCE corroeram completamente a poupança, as pensões e o poder de compra do euro. Estamos, portanto, vivendo "com tempo emprestado", ou melhor: tempo comprado com enormes quantidades de dinheiro digital novo (dezenas de bilhões por mês), o que só atrasou o grande golpe (e que, em parte por causa disso, será muito mais difícil, e provavelmente será um fato em 2021-2022).

Como essa mega crise sistêmica está agora muito próxima, os governos, bancos e grandes atores financeiros precisam de um bode expiatório para seu planejado ataque "bandeira falsa", o que dará ao sistema moribundo um golpe final "controlado" antes que ele colapse por si só. A bagunça causada pelo colapso será tão grande e reclamará tantas vítimas que centenas de milhões de pessoas desesperadas vão querer descarregar sua raiva nos verdadeiros culpados, neste caso os mesmos governos e bancos, liderados por grandes organizações globalistas, com o WEF no leme.

## Quem será o bode expiatório?

A fim de evitar revoluções e revoluções é "necessário" que a população receba um bode expiatório. Talvez esse seja outro grupo de hackers russos, chineses ou da Europa Oriental. A China pode servir muito bem aos Estados Unidos, já que o Pentágono também está planejando uma guerra "quente" contra aquele país num futuro próximo. O Irã e a Coréia do Norte também poderiam ser mencionados, talvez até mesmo cooperando com a China em um novo chamado "eixo do mal", que então teria que ser combatido "naturalmente".

Ou a inimizade com a China é apenas uma farsa, destinada a alimentar ainda mais os medos populares de guerra e outras calamidades? Afinal, tanto os EUA quanto a UE estão ocupados copiando o sistema de controle totalitário chinês.

Outra opção é que o ciberataque da falsa bandeira seja rastreado até Israel, que a OTAN e o Conselho de Segurança da ONU utilizarão para forçar o país ameaçado militar a concordar com um "plano de paz" que dividirá o país em dois e tornará Jerusalém uma espécie de cidade internacional. Mostramos em vários artigos há mais de 10 anos atrás que o Vaticano e a Maçonaria têm colocado seus olhos em Jerusalém por muito tempo, porque querem fazer dela o centro de algum tipo de nova religião mundial fundida.

De qualquer forma, o embuste da pandemia corona demonstrou inequivocamente que não pode ser apresentado como tão louco ou improvável, ou que a população ocidental incrivelmente desinformada, desinteressada e inebriada o aceita cegamente. Acredita-se agora em tudo o que os governos e a mídia afirmam, "porque o disseram na TV, e por isso é verdade".

**tecnocracia comunista-fascista na qual até mesmo seu corpo não pertence mais a você**

A Grande Reposição do WEF começou desde o ano passado para quebrar e mudar radicalmente nossa sociedade. Os últimos resquícios de liberdade, democracia e autodeterminação desaparecerão para sempre, o dinheiro será substituído por moedas totalmente digitais, e o novo "capitalismo das partes interessadas" não é nada mais que um sistema comunista-fascista combinado no qual verdadeiramente tudo será tirado aos cidadãos e empresas, até mesmo o direito de controlar seu próprio corpo.

O Estado torna-se essencialmente o único acionista majoritário de todos os aspectos da vida total. Inicialmente, receberá apoio popular mais que suficiente para isto, porque este sistema prevê o advento de uma Renda Básica Universal, e o ciberataque planejado acima mencionado criará tanto caos e miséria, que as pessoas aceitarão qualquer solução sem qualquer crítica e mesmo com o maior entusiasmo. ("Ordo ab Chao")

Mas logo os sobreviventes da próxima crise mundial descobrirão que no novo sistema eles não terão absolutamente nada e nenhuma palavra a dizer, nem mesmo sobre seus próprios corpos. Com uma vacinação obrigatória do mRNA após outra - possivelmente em breve contendo nano-chips - eles se transformarão em escravos digitais geneticamente modificados, em uma espécie de andróides ou ciborgues. Klaus Schwab anunciou literalmente exames cerebrais e chips obrigatórios que permitirão que até mesmo seus pensamentos, desejos e sua vontade sejam controlados e manipulados.

**O FEM ameaça a sobrevivência da humanidade; portanto, é necessário um verdadeiro Grande Reposicionamento**

O Fórum Econômico Mundial apresenta-se assim sem ambiguidade como uma das maiores ameaças para a sobrevivência da humanidade. É bem concebível que o WEF, com o apoio das potências ocidentais, venha de longe, mas no final, suspeitamos, esta mais horrível ditadura anti-humana não vai durar muito. Em sua arrogância sem limites, eles pensam que podem controlar e mudar a natureza humana, mas o que eles vão criar é nada menos que o inferno na Terra, que se consumirá completamente sob o peso de sua própria malignidade megalômana.

Então será finalmente o momento de uma verdadeira Grande Reposição, uma que os crentes dizem que será realizada "do alto". Esse reino de paz durará toda a eternidade, e não mais acomodará figuras como Klaus Schwab, Bill Gates, George Soros e Mark Zuckerberg, nem a elite bancária ainda acima deles liderada pela infame família Rothschild. Essa "Babilônia" terá sido destruída permanentemente, para nunca mais se erguer para aterrorizar a humanidade.

# Capítulo 6: O grande reset

*O "Great Reset" foi projetado para prolongar o atual sistema de morte, mas não funcionará".*

Anos atrás, primeiramente prestamos atenção às previsões sombrias do site privado de inteligência geopolítica e militar Deagel.com, que se baseia em números oficiais, relatórios e documentos da CIA, do Departamento de Defesa dos EUA, do Banco Mundial, do WEF, da UE, do FMI, e de quase todos os órgãos e organizações internacionais com autoridade concebível, entre outros. Na análise atualizada em setembro de 2020, nada realmente parece ter mudado: em 2025, o Ocidente ainda está em colapso total, embora a gravidade do golpe varie de país para país. Os Estados Unidos, Grã-Bretanha e Alemanha sofrerão particularmente, enquanto a Holanda e Finlândia serão os menos afetados na Europa. No entanto, Deagel espera que cerca de 1 milhão de pessoas também desapareça em nosso país.

Em 2014, Deagel escreveu que, como resultado da impressão ilimitada de dinheiro e dívida, o bloco ocidental de ambos os lados do oceano terá entrado em colapso até 2025. Esse destino ainda é inevitável. Além disso, a crise da coroa mostrou que "o modelo de sucesso do mundo ocidental é construído sobre sociedades sem resiliência, que dificilmente podem tolerar qualquer adversidade, mesmo de baixa intensidade". Assumimos isso, e agora temos, sem dúvida, a confirmação total disso".

**Grande Reposição: extensão temporária de um sistema que está morrendo**

A crise da Covid será usada para prolongar a vida deste sistema econômico moribundo através da chamada Grande Reposição, que como a mudança climática, a rebelião pela extinção, a crise planetária, a "revolução verde" e os embustes do petróleo de xisto estão sendo promovidos pelo sistema".

E assim como com os lockdowns corona e a destruição deliberada da indústria hoteleira, do turismo e de grande parte do setor das PMEs, tudo sobre o "Great Reset" tem como objetivo fazer a economia de consumo voltar para trás bruscamente, para que possamos continuar mais ou menos na mesma base por mais alguns anos. Isso pode ser eficaz por um tempo, mas não resolverá o problema central, e só adiará o inevitável. A elite governante espera permanecer no poder, que na verdade é tudo o que realmente lhes importa".

**Covid mostrou que o Ocidente não pode mais lidar com as dificuldades**

O colapso do sistema financeiro ocidental - e finalmente da civilização ocidental - através de uma confluência de crises é o elemento-chave na previsão, e tem um resultado devastador. Covid tem mostrado que as

sociedades ocidentais que abraçaram o
multiculturalismo e o liberalismo extremo são incapazes
de lidar com adversidades reais".

Como exemplo marcante, Deagel dá a pandemia de
gripe espanhola de cerca de um século atrás. Ela ceifou
a vida de cerca de 40-50 milhões de pessoas. Agora a
população mundial é quatro vezes maior, e se a coroa
fosse igualmente ruim, teria matado pelo menos 160
milhões a 200 milhões de pessoas (dado o globalismo e
as viagens aéreas intensivas, o dobro é mais provável).
Mas o número de mortos (mais provavelmente
artificialmente inflados) é atualmente de 2,9 milhões,
ou apenas 0,037% da população mundial, o que é
comparável a uma leve onda de gripe sazonal.

## Os estados mais prósperos pagarão o preço mais alto

É muito provável que a crise econômica resultante dos
lockdowns cause mais mortes do que o vírus em todo o
mundo", argumenta Deagel. A dura realidade de
sociedades ocidentais diversas e multiculturais é que
um colapso - dependendo de vários fatores - terá um
impacto de 50% a 80% (da população). De modo geral,
os estados mais diversos, multiculturais e endividados
(com os mais altos padrões de vida) pagarão o preço
mais alto".

A única coisa que ainda mantém nossa sociedade
ocidental anormal e errante unida como "cola" é o
"excesso de consumo, com altas doses de degeneração

ilimitada embaladas como virtude". Apesar da censura generalizada, as "leis do ódio" e os sinais contraditórios mostram que mesmo esta cola não funciona mais. Mas nem todos têm que morrer; a migração também pode desempenhar um papel positivo nisso".

Os países do segundo e terceiro mundo que se apegam à "Ordem do Velho Mundo" cairão com o Ocidente, esperam os analistas. Mas como esses países são mais pobres, o golpe será muito menos severo. Além disso, estas são sociedades muitas vezes ainda homogêneas (coesas), historicamente muito mais resistentes a uma grande crise sistêmica ou outra calamidade. Os países que se voltam para a China têm a maior chance de se estabilizarem rapidamente novamente.

Agora que durante anos a UE rejeitou qualquer aproximação com a Rússia e até começou a retratá-la como um inimigo, a Rússia e a China começaram a formar uma aliança estratégica econômica e militar (que substituirá o Ocidente e formará a verdadeira Nova Ordem Mundial). Ao contrário do que se afirma no Ocidente, não apenas a Rússia, mas também a China já está muito à frente da América e da Europa (/ OTAN) com tecnologia militar em muitas áreas.

Uma nova grande guerra (mundial) é até chamada de "o mais provável grande evento" nestes 20 anos. O primeiro cenário é uma guerra convencional (como está prestes a eclodir na Ucrânia) escalando para uma guerra nuclear. O segundo cenário é colocado entre 2025 e

2030, e assume um ataque surpresa russo esmagador contra o Ocidente. Para consternação da elite militar ocidental, os russos mostraram na Síria, em 2015, que são capazes de realizar tal ataque com perfeição a uma distância de mais de 2.000 quilômetros.

A ironia é que desde o final da Guerra Fria, os EUA colocaram a OTAN em posição de realizar tal "primeira greve" na Rússia, e agora parece que essa primeira greve vai realmente acontecer, mas o país que será acabado são os EUA".

**Os ocidentais são lavados do cérebro e arrogantes**

Outra peculiaridade do sistema ocidental é que seus sujeitos foram submetidos a uma lavagem cerebral a ponto de a maioria ter tomado como certa sua supremacia moral e vantagem tecnológica. Isto abriu o caminho para a supremacia dos argumentos emocionais sobre os racionais, que são ignorados ou menosprezados *(isto agora é verdade em TODAS as áreas, seja clima, energia, imigração, economia, Rússia ou corona)*. Esta mentalidade pode desempenhar um papel fundamental nos próximos eventos catastróficos".

Pelo menos a maioria silenciosa da população da ex-União Soviética ainda estava ciente de suas deficiências, das quais, uma vez limpas o suficiente. Os ocidentais, e certamente os americanos, no entanto, se consideram apenas tremendamente inteligentes e muito acima dos

demais. Agora os Estados Unidos e a Europa afirmam
que a Rússia e a China estão roubando todo tipo de
tecnologia deles, "o que prova que agora a elite
ocidental também está infectada com esta arrogância".
Na próxima década, ficará claro que o Ocidente está
atrasado em relação ao bloco Rússia-China, após o que
o mal-estar (no Ocidente) pode se transformar em
desespero".

"Iniciar uma guerra parece ser uma solução rápida e
fácil para restaurar a supremacia perdida. Em 1940, a
França não tinha armas nucleares para transformar a
derrota em vitória. O Ocidente pode tentar isso agora,
por causa da perspectiva desagradável de que seremos
"o tirano e sua puta imunda" (*uma descrição muito
apropriada dos EUA e da Europa*) que fugirão com medo
enquanto o resto do mundo ri deles".

Se não houver uma mudança dramática de rumo, o
mundo testemunhará definitivamente a primeira guerra
nuclear. O colapso do bloco ocidental pode ocorrer
antes, durante ou depois dessa guerra. Isso não
importa. Uma guerra nuclear é uma aposta com bilhões
de vítimas, e durante o colapso o número estará nas
centenas de milhões".

## A Rússia sobe ao topo

Os únicos dois países na Europa onde o golpe será
menos severo são a Holanda e a Finlândia. Na Holanda,
a população diminui em cerca de 1 milhão de pessoas

para 16 milhões (-6%), e o poder de compra chega a 47.451 dólares, apenas 7% a menos do que os atuais 51.200 dólares. A Finlândia se sai ainda melhor com um declínio populacional de 5% e um declínio do poder aquisitivo de 1%.

O país com maior crescimento da riqueza é a Rússia, onde os residentes verão seu poder de compra aumentar em 63%, para 43.557 dólares. Isto coloca a Rússia em 5º lugar, atrás de Brunei, Qatar, Cingapura e Holanda. A China, com um 48º lugar na lista e um poder de compra de apenas $17.843, surpreendentemente, faz muito menos bem do que seria de se esperar.

Dado o enorme entusiasmo dos neoliberais europeus (em vista de suas políticas, o termo neo-Marxistas é mais apropriado) para o Grande Reposicionamento e o super-Estado da UE, temo que as expectativas comparativamente ainda razoáveis para os europeus possam muito bem se mostrar deslocadas. No entanto, há sinais encorajadores em nossa sociedade de crescente resistência aos políticos sistêmicos de Bruxelas, dos quais está ficando cada vez mais claro que eles só estão preocupados em promover seus próprios interesses às custas do bem-estar, da prosperidade e do futuro de nosso povo.

## Capítulo 7: O próximo passo

*O medo deliberadamente semeado da morte por causa de um vírus respiratório comum parece ter transformado inúmeras pessoas em zumbis totalmente submissos e insensatos desde o ano passado.*

De acordo com um estudo das vacinas Covid mRNA publicado pelo Instituto de Microbiologia Humana, agora parece que isto pode estar literalmente acontecendo. De fato, as vacinas que usam mRNA para codificar a proteína Spike da SARS-CoV-2 original em seu próprio corpo parecem ser capazes de causar distúrbios neurológicos muito sérios, incluindo ALS, Creutzfeld-Jakob (também conhecido como "doença das vacas loucas") e doença de Alzheimer. A Creutzfeld-Jakob (CJD) é 100% fatal.

O mRNA nas vacinas da Pfizer, AstraZeneca e Moderna 'sequestram' suas células corporais de forma bastante aleatória, e depois os incitam a fabricar a proteína Spike a partir do coronavírus. Assim, estas 'vacinas' na realidade não são de forma alguma vacinas, mas sim terapia genética, ou manipulação genética do corpo humano.

O monstruosamente caro "Green Deal" representa enormes riscos para a prosperidade, a economia e a democracia, segundo a DB. Esses riscos devem ser informados honestamente ao povo, e não retidos, como está acontecendo agora. Pelo menos é o que Eric

Heymann, economista sênior do Deutsche Bank Research, escreve.

## Os prions causam ALS, Creutzfeld-Jakob e doença de Alzheimer

A proteína Spike contém "regiões semelhantes a priões" que permitem que ela se ligue particularmente bem aos receptores humanos ACE2. Os priões são partículas proteicas infecciosas que são a causa de uma série de doenças cerebrais mortais tanto em humanos quanto em animais.

Se o sistema imunológico humano atacar as seqüências de mRNA na vacina antes de chegar ao seu destino, os prions podem ser liberados no corpo, adverte o autor do estudo, J. Bart Classen (MD) da Classen Immunotherapies Inc. em Manchester, Reino Unido. A proteína de ligação ao DNA TDP-43 e o gene FUS (que instrui o corpo a fabricar proteína) podem ser afetados pelos prions. Este processo foi cientificamente estabelecido para causar as temidas doenças ALS, Creutzfeld-Jakob e Alzheimer, assim como outras graves desordens neurológicas.

O mRNA nas vacinas da Pfizer, AstraZeneca e Moderna 'sequestram' suas células corporais de forma bastante aleatória, e depois os incitam a fazer a proteína Spike do coronavírus. Assim, estas 'vacinas' na realidade não são de forma alguma vacinas, mas sim terapia genética, ou manipulação genética do corpo humano.

**Os prions causam ALS, Creutzfeld-Jakob e doença de Alzheimer**

A proteína Spike contém "regiões semelhantes a priões" que permitem que ela se ligue particularmente bem aos receptores humanos ACE2. Os priões são partículas proteicas infecciosas que são a causa de uma série de doenças cerebrais mortais tanto em humanos quanto em animais.

Se o sistema imunológico humano atacar as seqüências de mRNA na vacina antes de chegar ao seu destino, os prions podem ser liberados no corpo, adverte o autor do estudo, J. Bart Classen (MD) da Classen Immunotherapies Inc. em Manchester, Reino Unido. A proteína de ligação ao DNA TDP-43 e o gene FUS (que instrui o corpo a fabricar proteína) podem ser afetados pelos prions. Este processo foi cientificamente estabelecido para causar as temidas doenças ALS, Creutzfeld-Jakob e Alzheimer, assim como outras graves desordens neurológicas.

**O mundo espera (dezenas de) milhões de pacientes neurológicos graves?**

Creutzfeld-Jakob (doença das vacas loucas) é 100% fatal. A doença é irreversível, e não há tratamento para ela. Os sintomas são consistentes com hemorragias cerebrais, e se manifestam como confusão, dificuldade

de falar, movimentos corporais estranhos, mudanças
emocionais e de personalidade, e uma grande perda da
função cognitiva, terminando com a morte, entre
outros. Uma vez que os priões estão ativos e começam
a causar estes sintomas, é tarde demais.

Portanto, existe o perigo de que as vacinas corona
mRNA causem uma onda sem precedentes de doenças
neurológicas graves nos próximos anos. Em milhões ou
mesmo dezenas de milhões de pessoas, o cérebro pode
ser lentamente "comido" por priões*, causando
demência, incapacidade de funcionar e, eventualmente,
incapacidade de pensar. Sem mencionar que, enquanto
isso, sofrerá cada vez pior.

## Vaccinzombies

Como temos escrito há quase um ano, quase todas as
doenças, doenças e mortes induzidas por vacinas serão
automaticamente atribuídas a mutações, novos vírus ou
"coincidências" para as quais a indústria farmacêutica
tenha desenvolvido uma nova vacina. Você nunca
ouvirá ou lerá isto nos principais meios de notícias
falsos; eles apenas citam 'nós cientistas e 'especialistas'
que - independentemente da miséria criada -
continuaremos a afirmar que estas vacinas são
'perfeitamente seguras'. Portanto, Bagdá Bob em
repetição, apenas em todo o mundo com muitas cópias.

A CNBC já relatou que 1 em cada 3 "sobreviventes" da
Covid sofrem de um distúrbio mental ou psicológico,

como demência, depressão ou distúrbios de ansiedade. Isto é realmente causado por um vírus respiratório comum, ou "secretamente" pelas vacinas? Uma misteriosa doença que danifica o cérebro já apareceu no Canadá cujos sintomas são suspeitamente similares às condições induzidas pelos prions mencionadas acima (perda de memória, alucinações, atrofia muscular). Os médicos dizem que não é Creutzfeld-Jakob, mas que ainda não encontraram outra causa.

Será que a bem sucedida série de horror 'The Walking Dead' se tornará realidade de uma forma ligeiramente diferente nos próximos anos, à medida que o mundo for invadido por 'zumbis vacinais'? Dada a onda de graves efeitos colaterais e mortes que já estão ocorrendo, isto não mais parece pura fantasia.

Então, se você ainda está planejando ir a uma campanha de vacinação...

Um brinde à sua saúde!

# Capítulo 8: De uma forma ou de outra

*Faça o maior número possível de tarefas sem máscara bucal e evite o esforço físico se você usar uma".*

O fato de que os protetores bucais são inúteis e podem causar danos significativos à saúde já foi amplamente demonstrado. O que ainda não se sabia era que o uso freqüente de protetores bucais pode causar danos aos olhos. Pelo menos foi isso que uma equipe de cientistas chineses descobriu. O estudo deles foi publicado em março de 2021 na revista científica Translational Vision Science & Technology.

Outra revista, The Review of Optometry, forneceu um resumo deste estudo. Cientistas chineses investigaram os efeitos do uso de protetores bucais durante atividades fisicamente extenuantes. 23 adultos jovens e saudáveis receberam diferentes tipos de protetores bucais para usar durante um teste de corrida. A velocidade foi gradualmente aumentada até atingir um batimento cardíaco de 190 bpm.

Os participantes foram divididos em três grupos: sem protetor bucal, com um protetor bucal médico (o familiar azul) e com um protetor bucal N95. Antes e depois do teste, foi feita uma varredura dos nervos e vasos ópticos na retina do olho.

Mesmo antes do teste, os usuários da N95 já tinham reduzido significativamente a densidade dos vasos sanguíneos em comparação com aqueles que não usavam protetor bucal.

**Potenciais danos à retina, desempenho prejudicado, falta de ar, baixa saturação de oxigênio**

Posteriormente, verificou-se que ambos os grupos de usuários de protetores bucais correram por menos tempo e que a saturação de oxigênio em seu sangue foi drasticamente reduzida, assim como a densidade vascular em suas retinas.

Os cientistas descobriram que o protetor bucal N95 em particular causa este efeito mesmo em estado quiescente, que pode ter danos potenciais à retina e outras implicações clínicas para os trabalhadores da saúde e outras profissões que devem usar protetores bucais por longos períodos de tempo todos os dias.

Todos os voluntários usando protetores bucais atingiram a freqüência cardíaca máxima de 190 bpm muito mais rápido e tiveram uma saturação de oxigênio significativamente menor em seu sangue depois do que os que não vestiam. Um teste de caminhada anterior já havia mostrado que o uso dos protetores bucais médicos (azuis) leva à dispnéia (falta de ar) em 6 minutos.

**Conselhos: use o mínimo possível de proteção bucal**

A conclusão é que os protetores bucais retardam o retorno ao ritmo cardíaco normal após o exercício,

47

reduzem o desempenho durante os exercícios e esportes, tornam os usuários menos atentos a lesões e causam hipoxemia (nível anormalmente baixo de oxigênio no sangue). Os cientistas, portanto, aconselham a todos a realizar o maior número possível de tarefas sem protetores bucais e a evitar o esforço físico durante o uso de protetores bucais.

**Efeito nulo, suposto efeito já desaparecido após 10-15 minutos**

Um artigo do Washington Post admitiu que o uso de protetores bucais durante a pandemia da gripe espanhola há mais de um século não teve qualquer efeito. Estudos recentes sobre protetores bucais na Dinamarca e nos Estados Unidos, os maiores já realizados, também concluíram que o efeito dos protetores bucais é nulo na melhor das hipóteses, e só dá aos usuários uma (falsa) sensação de segurança.

Em qualquer caso, já foi estabelecido que as tampas N95 estão saturadas com a umidade em sua respiração após um máximo de 20 minutos, e as tampas azuis após apenas 10-15 minutos, e, portanto, perdem completamente seu suposto efeito.

**professor de alemão: Os protetores bucais podem realmente fortalecer as infecções**

O autoritário professor de patologia alemão Dr. Arne Burkhardt explicou em um relatório de 50 páginas os efeitos devastadores do uso de protetores bucais em nossa saúde e, portanto, não contraria a chamada "pandemia", mas parece perpetuá-la.

Burkhardt advertiu que o uso prolongado de protetores bucais é altamente prejudicial à pele facial, ao trato respiratório, aos pulmões e ao organismo humano total, e pode levar a numerosas doenças e distúrbios. Há também evidências de que as infecções virais, bacterianas e fúngicas são promovidas por protetores bucais, e as pessoas podem realmente se infectar através deles.

A Health Canada e o governo da província de Quebec recentemente aconselharam as escolas a pararem imediatamente de usar e distribuir protetores bucais médicos (azuis) porque eles contêm partículas microscópicas de grafeno que podem entrar nos pulmões, e depois causar sérios danos, assim como o amianto.

# Capítulo 9: Tiranny da vacina

*Sem golpes, sem trabalho: Os empregadores podem
começar a exigir vacinações de seus empregados*

A Corte Européia de "Direitos Humanos" (CEDH) decidiu
que as vacinações obrigatórias são legais. Esta decisão
chocante e ultrajante destrói a integridade de seu
próprio corpo e abre o caminho para a maior violação
dos direitos humanos jamais ocorrida, as vacinações
obrigatórias corona. Ela sublinha que também o sistema
judicial europeu é podre e corrupto, e serve apenas aos
interesses das multinacionais farmacêuticas e
tecnológicas, além, é claro, dos políticos que foram
subornados ou comprados por elas.

A decisão dos "juízes" seguiu uma reclamação de um
grupo de famílias tchecas que haviam sido multadas e
cujos filhos não tinham permissão para freqüentar
creches porque não tinham tido as vacinas obrigatórias
contra nove doenças (incluindo difteria, tétano, tosse
convulsa, hepatite B e sarampo).

Segundo os pais, a obrigação vai contra o artigo 8 sobre
o direito ao respeito pela vida pessoal, mas o Tribunal
discordou, afirmando que as vacinas são "no melhor
interesse" das crianças para que "toda criança seja
protegida contra doenças graves através de vacinas ou
imunidade grupal".

**Estrada livre para vacinações obrigatórias e passaportes corona**

As vacinações obrigatórias podem ser consideradas necessárias em uma sociedade democrática", disseram os juízes europeus. Embora este julgamento não fosse diretamente sobre o Covid, num futuro muito próximo poderia ter conseqüências extremamente abrangentes para cada cidadão. Além das vacinas compulsórias, isto também abre o caminho para passaportes de vacina compulsória, que serão necessários para ter acesso a catering e eventos, e mais tarde também a agências, instituições e empresas (sem jab = sem emprego).

De fato, de acordo com o especialista em direito da CEDH Nicolas Hervieu, a decisão ratifica os esforços dos políticos europeus para tornar obrigatória a vacinação contra a Covid. (Para proponentes inveterados de vacinas, leia-se por exemplo 13-09: O gigante farmacêutico Pfizer culpa os anti-vaxxers se as vacinas não conseguirem deter a coroa ( / Os defensores da vacina usam uma lógica distorcida e contraditória para forçar outros a se vacinarem também - "Mas o sarampo, a tosse convulsa e a poliomielite praticamente desapareceram por causa das vacinas, não é verdade?").

**Sistema da "Besta" mais um passo mais próximo**

Basta concluir esta mensagem mais uma vez com a conhecida profecia bíblica na qual (com base no texto fonte) é descrito exatamente o que será feito nos próximos anos e onde isso levará, se não o suficiente, as pessoas estão dispostas a fazer todo o possível para impedir a vinda deste sistema profundamente anti-humano e diabólico.

AstraZeneca mudou o nome de sua vacina geneticamente modificada "chimpanzé" para Vaxzevria, possivelmente para desviar a atenção do fato de que pessoas em todos os lugares continuam a morrer depois de serem injetadas com esta substância altamente experimental e patentemente perigosa. A bula da vacina AZ/Vaxzevria já é tão assustadora que é impensável que pessoas com meia mente funcional jamais sejam injetadas com ela. Apesar disto, a administração desta vacina na Europa, que na minha opinião pessoal é um crime potencialmente grave contra a humanidade, só foi temporariamente suspensa.

Augusta Turiaco, 55, e Cinzia Pennino, 46, podem ser acrescentadas à lista sempre crescente de fatalidades de vacinas corona. Ambos os professores adoeceram em poucos dias após terem sido injetados com a vacina AZ, foram descobertos que desenvolveram coágulos de sangue, e morreram dentro de uma a duas semanas. Apesar disso, as autoridades afirmaram que não havia "nenhuma conexão" com a vacina.

**Jovem mulher alemã morre após a vacina, diz político**

A psicóloga alemã Dana Ottman, 32 anos, adoeceu mortalmente imediatamente após sua vacinação AZ. Menos de duas semanas depois, ela foi encontrada morta na cama por sua mãe. Causa da morte: uma enorme hemorragia cerebral. Um médico diz por trás de sua mão que a vacina é a causa mais provável. Então, ela ouve um político do SPD na TV declarar arrepiantemente que "temos que aturar 'as poucas pessoas' que morrem por causa das vacinas". Fácil de dizer, se não for sua própria filha ou outra pessoa querida.

Entretanto, a Alemanha decidiu não utilizar a vacina por enquanto para pessoas até os 60 anos de idade. Pouco tempo depois, a Europa suspendeu a administração do AZ para todos, mas apenas temporariamente, por enquanto. Agora que um novo nome foi colocado, Vaxzevria, é provável que a vacinação seja retomada como de costume em breve. Afinal de contas, o Ministro De Jonge atribuiu seu nome e sua reputação a ele, e derramou centenas de milhões de dinheiro do governo.

**'Adenovírus de chimpanzé de engenharia genética cultivado em células embrionárias humanas'.**

Um olhar para o folheto informativo desta vacina, no entanto, deve fazer qualquer pessoa bem pensante tremer de horror: "Contém um adenovírus derivado de chimpanzé geneticamente modificado, cultivado em células renais embrionárias humanas. Este produto contém organismos geneticamente alterados (GVOs)" ("Uma dose (0,5 ml) contém nada menos que 250 milhões de unidades infecciosas de adenovírus de chimpanzé, que codifica a glicoproteína spike SARS-CoV-2 ChAdOx1-S." - página 2 e página.19).

Apesar disso, a mídia e os políticos continuam a insistir que a engenharia genética e as "células de aborto" humanas são uma "teoria da conspiração", quando é observada em preto e branco na própria documentação dos fabricantes. (Como já demonstramos em relação à vacina Pfizer.) O que não é descrito é que o DNA estrangeiro do adenovírus "macaco" pode ser visto como estranho pelo nosso sistema imunológico, o que pode causar sérias reações auto-imunes a longo prazo, mesmo anos após a administração.

**Diferença quase imperceptível nas fases de teste**

O folheto afirma ainda que na fase de teste a diferença entre o grupo vacinado e o grupo de controle, ambos contendo mais de 5000 pessoas, é extremamente pequena. Dos 5258 vacinados, 64 pessoas (1,2%) ainda receberam Covid-19, e dos 5210 do grupo de controle, 154 (3,0%). A média de eficácia foi de 59,5% dentro de 4 a 12 semanas. De fato, a diferença entre os participantes de 56 a 65 anos era de apenas uma pessoa (8 pessoas no Vaxzevria, e 9 pessoas no grupo de controle receberam o Covid-19).

Note que estes também são testes realizados pelo fabricante "o açougueiro que inspeciona sua própria carne". As pessoas que já tiveram corona, ou que sofrem de uma variedade de condições graves (cardiovascular, intestinal, hepática, renal, endócrina/metabólica, neurológica) NÃO foram testadas, mas na prática são BEM vacinadas. Então deixamos de lado o fato estabelecido de que os testes PCR utilizados produzem 90% a 98% de falsos positivos.

**Efeitos sobre pessoas frágeis e grávidas NÃO estudadas**

A bula prossegue afirmando que realmente houve "alguns casos" de morte devido a trombose, e que os médicos devem, portanto, prestar atenção se esses sintomas ocorrem após a vacinação. Eficácia em pessoas com sistemas imunológicos debilitados (ou seja, a maioria dos idosos e doentes crônicos): NÃO estudado.

Efeitos sobre as mulheres grávidas? NÃO se sabe, mesmo os estudos com animais não foram concluídos. No entanto, "não esperamos nenhum efeito sobre o desenvolvimento fetal. Entretanto, as mulheres grávidas só devem ser vacinadas "se o benefício potencial superar os riscos potenciais para a mãe e para o feto". Também não se sabe se o Vaxzevria passa para o leite materno, ou se há algum efeito sobre a fertilidade. Novamente, os testes com animais não foram concluídos (mas você pode BEM servir como cobaia).

O Império afirma que as vacinas são "comprovadas e seguras", mas o próprio fabricante está muito menos seguro, como evidenciado pela explicação (pg.7) da codificação genética da proteína Spike do vírus SARS-CoV-2, que "pode contribuir para a proteção contra a Covid-19". (negrito acrescentado) E se a vacina for acidentalmente derramada, deve ser desinfetada com um agente contra vírus (adeno). Então: possivelmente prejudicial quando tocada, mas não prejudicial quando injetada em seu corpo?

**Eficácia e segurança nos idosos não precisam ser demonstradas por 3 anos**

Duração da proteção que a vacina proporcionaria? NÃO conhecida. Interação com outros medicamentos? NÃO estudada. Esta é realmente uma vacina segura e funciona realmente contra a Covid-19? Não se sabe até 12 meses após a vacinação. Entretanto, os governos não quiseram esperar por isso e começaram a vacinar a população logo após a conclusão das fases de teste.

Só em 31 de maio de 2022 é que a eficácia, estabilidade e segurança desta vacina precisa ser definitivamente demonstrada. Para os idosos e doentes crônicos, não será até 31 de março de 2024, ou até TRÊS ANOS a partir de agora (pág. 16). Até lá, quase toda a população mundial já terá sido vacinada. Dado o acima exposto, podemos nos perguntar quantos idosos terão sobrevivido a estas vacinas até então. Porque realmente o diz, em preto e branco: somente dentro de três anos a eficácia e segurança desta vacina precisará ser definitivamente demonstrada. (pp.15-16)

Quem ainda ousa afirmar que este não é um experimento médico de massa sem precedentes envolvendo toda a população mundial, cujas conseqüências, segundo um grande número de cientistas, médicos e outros especialistas, poderiam muito bem ser terríveis?

**O que está acontecendo com todas essas pessoas afinal?**

O que acontece com todas essas pessoas ingênuas, que ainda arregaçam as mangas para isso? E com todas aquelas pessoas que manipulam as seringas, condenando assim algumas pessoas à trombose, a uma hemorragia cerebral, a uma doença crônica (auto-imune) ou mesmo à morte?

Com as autoridades, diretores e políticos que comissionam isto, mas entretanto rejeitaram de antemão qualquer responsabilidade no caso das coisas correrem completamente mal com a SUA saúde, e talvez até com a sua vida?

Para a resposta, vou apenas me referir brevemente aos anais dos anos 30 e 40 novamente. Isso é o que está

acontecendo com todas essas pessoas. Eles foram
novamente tomados pelo mesmo espírito sombrio,
entorpecido e aterrorizante do medo total, da cegueira,
da obediência absoluta e da cegueira coletiva, que mais
uma vez parece estar abrindo o caminho para crimes
anti-humanos indescritíveis com um número
potencialmente incontável de vítimas.

Aprendemos NADA da história, mesmo as mais
recentes.

# Nossos outros livros

Confira nossos outros livros para outras notícias não relatadas, fatos expostos e verdades desmascaradas, e muito mais.

Junte-se ao exclusivo Rebel Press Media Circle!

Você receberá uma nova atualização sobre a realidade não relatada, entregue em sua caixa de entrada todas as sextas-feiras.


**Inscreva-se aqui hoje:**

https://campsite.bio/rebelpressmedia

www.ingramcontent.com/pod-product-compliance
Lightning Source LLC
Chambersburg PA
CBHW061312140726

47998CB00006B/2357